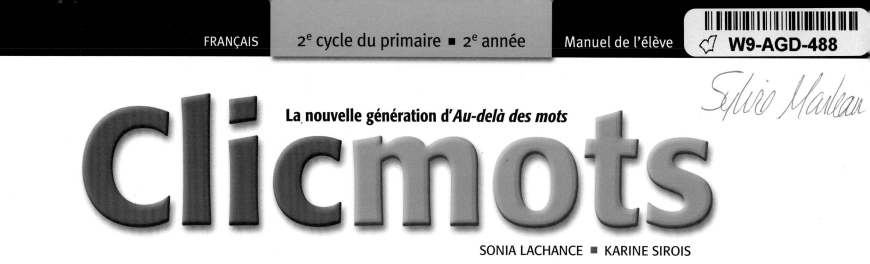

La nouvelle génération d'*Au-delà des mots*

Clicmots

SONIA LACHANCE ■ KARINE SIROIS

APPRENDRE AUTREMENT

Éditions Grand Duc
Groupe Éducalivres inc.
955, rue Bergar, Laval (Québec) H7L 4Z6
Téléphone: 514 334-8466 ■ Télécopie: 514 334-8387
InfoService: 1 800 567-3671

REMERCIEMENTS

Pour son travail de vérification scientifique, l'Éditeur témoigne sa gratitude à M. André Turcotte,
professeur de français retraité du collège Édouard-Montpetit.

La nouvelle génération d'*Au-delà des mots*

Clicmots

© 2010, **Éditions Grand Duc,** une division du Groupe Éducalivres inc.
955, rue Bergar, Laval (Québec) H7L 4Z6
Téléphone : 514 334-8466 ■ Télécopie : 514 334-8387
www.grandduc.com

Tous droits réservés.

CONCEPTION GRAPHIQUE ET COUVERTURE : Catapulte.
ILLUSTRATIONS : Yves Dumont, Jean-Paul Eid, Gagnon Illustrations, Le Mille-pattes,
Volta Illustrations et Julien Dufour pour Yeti Animation.
PHOTOGRAPHIES : Légende – d : droite, g : gauche, h : haut, b : bas, c : centre
couverture : © Edith Held/Corbis • page 2bg : © Layne Kennedy/Corbis • page 2c : © Wolfgang Kaehler/Corbis •
page 3bd : © Tomas Rodriguez/Corbis • page 13h : © JLP/Jose L. Pelaez/Corbis • page 21d : Daniel Pennac,
Kamo, l'agence Babel, illustration de Jean-Philippe Chabot, Folio Junior • page 22g : © Eric Fougere/VIP Images/Corbis •
page 25g : © Nathan • page 25c : © Éditions Pierre Tisseyre • page 25d : © L'École des loisirs • page 28c :
© Tom Van Sant/Corbis • page 28g : © Atlantide Phototravel/Corbis • page 29gh : Paul Souders/Corbis • page 29hd :
© Steve Vidler/SuperStock • page 29bc : Janine Wiedel Photolibrary/Alamy • page 30d : © Angelo Cavalli/Robert
Harding World Imagery/Corbis • page 32 : © Gideon Mendel/ActionAid/Corbis • page 42 : © Éditions de la Paix •
page 45 : © L'École des loisirs • page 47g : © Éditions de la courte échelle • page 47c : © Éditions Pierre Tisseyre •
page 47d : © Éditions Milan • page 50 : © Penny Tweedie/Corbis.

Nous reconnaissons l'aide financière du gouvernement du Canada par l'entremise du Programme d'aide
au développement de l'industrie de l'édition (PADIÉ) pour nos activités d'édition.

Gouvernement du Québec – Programme de crédit d'impôt pour l'édition de livres – Gestion SODEC

CODE PRODUIT 3962
ISBN 978-2-7655-0439-9

Dépôt légal
Bibliothèque et Archives nationales du Québec, 2010
Bibliothèque et Archives Canada, 2010

Imprimé au Canada
1 2 3 4 5 6 7 8 9 0 S 9 8 7 6 5 4 3 2 1 0

Table des matières

La structure de *Clicmots, 2ᵉ* cycle

Chaque fascicule présente une thématique comprenant deux thèmes.
La thématique est la même pour les deux années du cycle, mais elle est exploitée
de façon différente selon les thèmes.

Exemple :

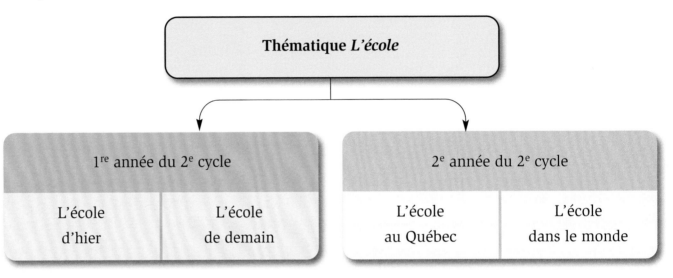

Thématique *L'école*	
1ʳᵉ année du 2ᵉ cycle	**2ᵉ année du 2ᵉ cycle**
L'école d'hier L'école de demain	L'école au Québec L'école dans le monde

Pour un enseignement personnalisé

Dans le guide d'enseignement personnalisé, divers outils permettent
à l'enseignant ou l'enseignante d'aider les élèves :

- un test sur les intelligences multiples et des stratégies s'y référant ;
- un test diagnostique en lecture pour connaître le niveau de difficulté
  de texte qui convient aux élèves ;
- des textes et des questions adaptés afin d'aider les élèves qui ont besoin
  de soutien ;
- des textes modifiés pour aider les élèves en difficulté ;
- des activités d'enrichissement pour les élèves qui veulent aller plus loin.

La structure du fascicule de l'élève

Chaque thème est construit de façon à développer les quatre compétences disciplinaires (CD**1** *Lire des textes variés,* CD**2** *Écrire des textes variés,* CD**3** *Communiquer oralement,* CD**4** *Apprécier des œuvres littéraires*) et intègre la Progression des apprentissages **PDA**.

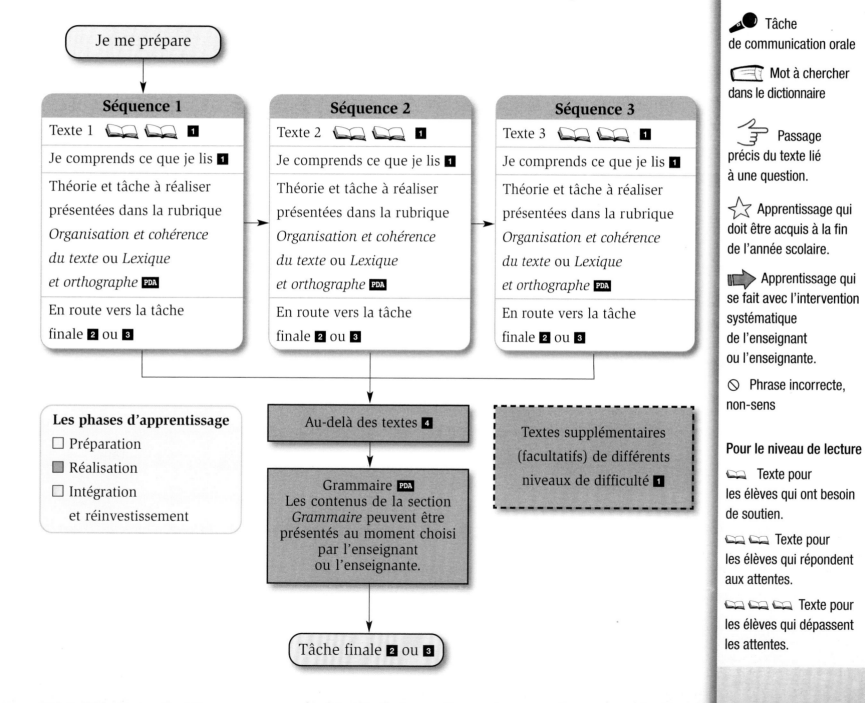

Je me prépare

Séquence 1	Séquence 2	Séquence 3
Texte 1 📖📖 **1**	Texte 2 📖📖 **1**	Texte 3 📖📖 **1**
Je comprends ce que je lis **1**	Je comprends ce que je lis **1**	Je comprends ce que je lis **1**
Théorie et tâche à réaliser présentées dans la rubrique *Organisation et cohérence du texte* ou *Lexique et orthographe* **PDA**	Théorie et tâche à réaliser présentées dans la rubrique *Organisation et cohérence du texte* ou *Lexique et orthographe* **PDA**	Théorie et tâche à réaliser présentées dans la rubrique *Organisation et cohérence du texte* ou *Lexique et orthographe* **PDA**
En route vers la tâche finale **2** ou **3**	En route vers la tâche finale **2** ou **3**	En route vers la tâche finale **2** ou **3**

Les phases d'apprentissage
- ☐ Préparation
- ☐ Réalisation
- ☐ Intégration et réinvestissement

Au-delà des textes **4**

Grammaire **PDA**
Les contenus de la section *Grammaire* peuvent être présentés au moment choisi par l'enseignant ou l'enseignante.

Textes supplémentaires (facultatifs) de différents niveaux de difficulté **1**

Tâche finale **2** ou **3**

LeS pictogrammes

✒ Tâche d'écriture

🎤 Tâche de communication orale

📖 Mot à chercher dans le dictionnaire

👉 Passage précis du texte lié à une question.

☆ Apprentissage qui doit être acquis à la fin de l'année scolaire.

➡ Apprentissage qui se fait avec l'intervention systématique de l'enseignant ou l'enseignante.

⊘ Phrase incorrecte, non-sens

Pour le niveau de lecture

📖 Texte pour les élèves qui ont besoin de soutien.

📖📖 Texte pour les élèves qui répondent aux attentes.

📖📖📖 Texte pour les élèves qui dépassent les attentes.

L'école au Québec

QUÉBEC

Je me prépare

1. Regarde attentivement les images ci-contre. À ton avis, quels sont les éléments nécessaires pour se sentir bien dans une école ?

2. Selon toi, à quoi doit servir l'école ? L'école peut-elle être un endroit où il fait bon vivre ? Pourquoi ?

3. Crois-tu que toutes les écoles du Québec se ressemblent ? Si ce n'est pas le cas, faudrait-il qu'elles se ressemblent ou vaut-il mieux qu'elles soient différentes ?

4. Comment s'appelle la région située au nord du Québec que tu vois sur la carte ? Comment imagines-tu la vie des enfants qui habitent là-bas ? Penses-tu que les enfants inuits apprennent les mêmes matières que toi à l'école ? Selon toi, qu'y a-t-il de différent ?

Pour la **tâche finale**, tu organiseras une activité classe ouverte dans ton école.

Ta stratégie de lecture

1. Note les mots que tu ne connais pas.

2. Cherche leur signification dans un dictionnaire.

rude

avoisinent (avoisiner)

arctique

Inuits (Inuit)

inuktitut

Intention de lecture : *Lis le texte suivant afin de connaître la vie d'un jeune Inuit.*

Moi Lukasi, enfant du Nunavik

Lukasi a 10 ans. Il vit avec ses parents et ses deux sœurs, à Kuujjuaq, le plus grand village inuit du Québec, au Canada. Le climat est rude dans cette région. En plein hiver, il fait nuit 20 heures par jour et les températures avoisinent les −23 °C ! En été, elles dépassent rarement 11 °C en plein cœur de la journée !

Kuujjuaq, situé à 1400 km de Montréal, est un gros village arctique qui compte environ 2000 habitants et habitantes. La plupart des gens sont des Inuits et parlent inuktitut. Lukasi parle aussi les deux langues officielles du Canada : l'anglais et le français. Le village possède un aéroport à deux pistes et beaucoup de magasins et de restaurants.

Le matin, comme beaucoup d'écoliers au Québec, Lukasi prend un grand bol de céréales pour son déjeuner. Il part ensuite à l'école qui se trouve à 10 minutes à pied de sa maison. Il est donc rare que les tempêtes de neige le retiennent chez lui ! En chemin, il croise souvent des chiens de traîneaux et il aime s'attarder pour les caresser. Son grand-père a d'ailleurs une chienne qui s'appelle Mala, parce que c'est une malamute d'Alaska. Elle a un poil épais qui la protège du froid.

Au Nunavik, le primaire compte sept années. En maternelle et au premier cycle, tous les cours sont donnés en inuktitut. Ensuite, les élèves ont le choix entre les cours du secteur français, langue seconde ou ceux du secteur anglais, langue seconde. Plusieurs cours sont donnés uniquement en langue seconde, par exemple les mathématiques, les sciences et les arts plastiques. Lukasi continue à apprendre la langue inuktitute quelques heures par semaine.

Le savais-tu ?

L'inukshuk est une statue de pierre représentant un être humain.

Ces statues construites par les peuples autochtones du Grand Nord canadien servent de points de repère. Elles peuvent aussi indiquer une cache de nourriture ou le chemin de la chasse au caribou.

s'attarder (attarder)

En arrivant à l'école, les élèves suspendent les bottes traditionnelles en peau de phoque, appelées kamiks en langue inuktitute. Il paraît qu'il n'y a pas mieux pour garder les pieds au chaud et au sec.

Il y a 15 élèves dans la classe de Lukasi : 5 garçons et 10 filles, âgés de 8 à 12 ans. Contrairement à d'autres élèves, Lukasi n'a pas de voisin de table. Il prend environ 20 minutes chaque soir pour faire ses devoirs.

Lukasi est très sportif. Il joue au ballon-chasseur avec ses camarades de classe. Il joue aussi au soccer, au hockey, au tennis et au badminton.

Le karaté fait partie des loisirs de Lukasi. Environ 25 enfants du village pratiquent ce sport une fois par semaine. Lukasi aime aussi participer à des activités plus traditionnelles comme chasser, pêcher ou fabriquer des objets en bois. Sur l'illustration ci-dessus, Lukasi fabrique un sabre de samouraï en bois avec son grand-père. Celui-ci a commandé le frêne à Montréal et le bois est arrivé par bateau en été. Au cours des dernières années, Lukasi et son grand-père ont fabriqué des épées, des boucliers et des armes de chasse.

■ Adapté de Penny SMITH et autres, *Ma super école !*, Paris, Gallimard Jeunesse/Unicef, 2007.

traditionnelles
(traditionnel)
frêne

Je comprends ce que je lis

1. La vie de Lukasi ressemble-t-elle à celle que tu imaginais pour un jeune Inuit ? Explique ta réponse en deux phrases.

2. Parmi les activités de Lukasi, lesquelles aimerais-tu faire avec lui si tu allais passer une semaine au Nunavik ? Explique ta réponse.

3. Dans le texte, relève trois informations à propos des habitants et habitantes du village de Kuujjuaq.

4. Le grand-père de Lukasi a commandé du bois à Montréal pour fabriquer des objets.

a) Selon toi, pourquoi est-il difficile de trouver cette ressource naturelle au Nunavik ?

b) Pourquoi le bois est-il arrivé par bateau ?

5. a) Dans un tableau semblable à celui ci-dessous, compare le quotidien de Lukasi avec le tien.

	LUKASI	MOI
Routine du matin		
Nombre de membres dans la famille		
Vie scolaire		
Loisirs		
Langue parlée		

b) Trouve les éléments qui se ressemblent.

c) Aimerais-tu vivre au Nunavik ? Pourquoi ? Quels seraient les avantages et les inconvénients ?

Lexique et orthographe

Les mots et les abréviations dans le dictionnaire ☆ ⇨

Quand tu cherches un mot dans le dictionnaire, tu dois procéder selon l'ordre alphabétique des premières lettres du mot. ☆

Après avoir trouvé le mot, tu dois regarder les abréviations et lire la définition pour t'assurer que le mot a le sens que tu cherches. ⇨

Voici les principales abréviations utilisées :

n.m. : nom masculin   n.f. : nom féminin   sing. : singulier   pl. : pluriel

adj. : adjectif   v. : verbe   dét. : déterminant   pr. : pronom.

Il est essentiel de vérifier si tu as trouvé le bon mot et la bonne définition.

Cherche les mots suivants dans le dictionnaire et remplis un tableau semblable à celui ci-dessous.

MOTS	ABRÉVIATIONS	DÉFINITIONS POSSIBLES
Pêcher		
Caribou		
Glace		
Chaud		

Les mots de tous les jours ✏

1. Écris ta propre définition des mots ci-dessous, puis cherche leur définition dans le dictionnaire.

   • Langue   • Famille   • Loisir   • Renseignement

2. Compare tes définitions avec celles du dictionnaire.

Texte 2

Intention de lecture : *Lis le texte suivant afin de connaître l'expérience originale menée dans une école primaire québécoise.*

Les filles d'un côté, les garçons de l'autre !

Ta stratégie de lecture

1. Lis le titre.

2. Lis le texte en prêtant attention aux lignes en caractères gras dans le texte.

Comment aider les garçons à mieux réussir à l'école ? Bien déterminée à réduire l'écart de réussite scolaire observé entre les filles et les garçons, une école primaire a décidé de mettre en place un projet audacieux. Les 51 élèves de 6ᵉ année sont séparés en deux classes. Les filles dans l'une, les garçons dans l'autre. Terminée la mixité .

Partant du principe que les filles et les garçons apprennent différemment, deux enseignantes ont accepté de plonger dans cette aventure originale. Une enseignante accueille dans sa classe 27 garçons alors que sa collègue enseigne à 24 filles.

écart

mixité

Le directeur de l'école, qui aime s'exprimer dans un langage imagé, n'hésite pas à raconter que l'atmosphère de travail qui règne dans la classe des filles se compare à l'ambiance qui règne dans... une église. « L'effet de groupe est très positif », se réjouit le directeur.

rigueur

indiscipline

À quoi compare-t-il une classe de garçons ? À une équipe de hockey. Pour le directeur, en effet, tout est une question d'entraînement. Lentement mais sûrement, le goût de l'effort et le sens de la rigueur sont en train de gagner du terrain dans la classe des garçons.

En début de match, c'est-à-dire durant les premières semaines de l'année scolaire, l'enseignante observait plutôt une certaine indiscipline et elle est heureuse de voir que son entraînement donne de bons résultats !

Elle est visiblement fière de ses élèves et elle se sent parfaitement à l'aise avec ces jeunes qui apprennent dans l'action.

« Ça tombe bien, j'ai toujours eu besoin que ça bouge dans ma classe. Même mixte ! » précise l'enseignante.

Comment les cours sont-ils différenciés ? Récemment, l'enseignante des garçons a demandé à ses élèves de planifier la construction d'un parc de planche à roulettes. Une bonne idée pour montrer à quoi servent les mathématiques !

Lié au n° 4, p. 12 ☞ Pendant que les filles étaient contentes, sauf exception, de compléter leurs feuilles d'exercices sur le même sujet dans la classe, les garçons sont allés dans la cour de récréation avec leurs plans et leurs mètres à mesurer.

Est-ce que cette expérience est concluante ? « Mes élèves me disent qu'ils se sentent plus à l'aise de poser des questions sans la présence des filles dans la classe », raconte l'enseignante des garçons. De leur côté, les filles ont également expliqué qu'elles préféraient se retrouver entre elles pour étudier.

Bien sûr, pendant les récréations et au service de garde, les garçons et les filles se retrouvent ensemble. « Nous tentons cette expérience pour favoriser la réussite des garçons. Nous verrons bien si nous la poursuivrons dans les années à venir », conclut le directeur.

■ Adapté de Isabelle LÉGARÉ, « Deux classes non mixtes à l'école primaire »,
Le Nouvelliste, Cyberpresse, [En ligne], 7 novembre 2008.

Je comprends ce que je lis

1. Quel est l'audacieux projet mis en place dans cette école ?

2. Est-ce que tu aimerais que ton école fasse de même ? Explique ta réponse en trois phrases.

3. Relève deux phrases dans le texte qui prouvent que l'enseignante de la classe des garçons apprécie cette façon de travailler.

4. a) Lis la phrase suivante.

« Pendant que les filles étaient contentes, sauf exception, de compléter leurs feuilles d'exercices sur le même sujet dans la classe, les garçons sont allés dans la cour de récréation avec leurs plans et leurs mètres à mesurer. »

b) Que signifie l'expression « sauf exception » ?

c) Selon toi, à qui cette expression fait-elle référence ?

5. a) Es-tu d'accord avec le principe énoncé dans le texte selon lequel les garçons et les filles apprennent différemment ? Pourquoi ?

b) Ta façon d'apprendre correspond-elle à celle attribuée à ton sexe, c'est-à-dire apprendre dans l'action si tu es un garçon ou en faisant des exercices si tu es une fille ? Donne deux exemples pour justifier ta réponse.

c) Pour toi, quels seraient les avantages ou les inconvénients d'une classe sans mixité ?

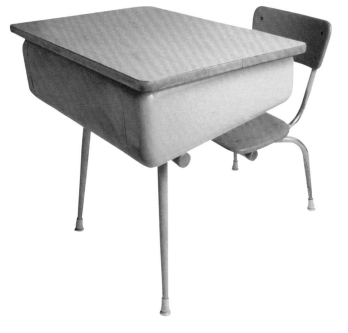

Organisation et cohérence du texte

Les mots qui servent à poser des questions ☆

Pour poser des questions, on utilise souvent des mots interrogatifs
en début de phrase. Voici les mots les plus utilisés pour poser des questions :

Est-ce que	Combien	Pourquoi	Qu'est-ce que
Qui est-ce qui	Qu'est-ce qui	Qui est-ce que	Où
Qui/Que/Quoi	Comment	Quand	

Il y a aussi quelques autres mots qui nécessitent de connaître le **genre** et le **nombre** du **sujet**.

Remplis un tableau semblable à celui ci-dessous en plaçant les mots interrogatifs suivants
au bon endroit, selon le genre et le nombre.

Laquelle	Quel	Lesquels	Quelle
Quels	Lesquelles	Quelles	Lequel

	MASCULIN	FÉMININ
Singulier		
Pluriel		

En route vers la tâche finale ▶ ▶ ▷

Une rencontre particulière 🎤

Imagine qu'une rencontre est organisée dans ta classe pour interroger les élèves qui ont
participé à l'expérience relatée dans le texte. Prépare cinq questions que tu aimerais poser
à ces élèves.

Intention de lecture : *Lis le texte suivant afin de connaître quelques programmes particuliers mis en place dans certaines écoles.*

Ta stratégie de lecture

1. Lis le texte.

2. Prête attention aux mots soulignés et aux mots en rouge.

se dépasser (dépasser)

Des écoles pour tous les goûts

Dans les écoles québécoises d'aujourd'hui, les élèves peuvent de plus en plus choisir un programme d'études qui leur permet de développer aussi leurs talents. Auparavant, seules les écoles secondaires offraient des concentrations[1] en sports, en musique, en sciences ou en arts. Toutes ces possibilités existent maintenant au primaire.

Une passion pour la musique, un talent pour le tennis… Voilà ce qui motive plusieurs élèves à se dépasser dans leurs études ! Faisons un petit tour des choix proposés dans les écoles primaires du Québec…

Artiste dans l'âme ?

Comment satisfaire les attentes des élèves ayant un côté artistique ? Certaines écoles ont choisi de mettre à l'horaire des périodes supplémentaires en art dramatique, des ateliers de cirque ou d'arts plastiques. Cela permet aux jeunes de faire du théâtre ou de l'improvisation, de créer et de vaincre leur timidité. D'autres établissements scolaires ont pensé à développer des programmes de concentration en musique où les enfants peuvent se perfectionner en chant ou jouer de leur instrument de musique préféré plusieurs heures par semaine. Tous ces programmes permettent aux élèves de développer leur estime de soi et de faire des découvertes artistiques tout en favorisant leur réussite scolaire.

---

1. **Concentration :** quand une école propose une concentration en soccer ou en musique, les élèves suivent le programme ordinaire auquel s'ajoutent plusieurs heures de soccer ou de musique à l'école.

Il faut que ça bouge !

L'une des matières préférées des jeunes est l'éducation physique. C'est pourquoi plusieurs écoles favorisent de saines habitudes de <u>vie</u> en ajoutant des programmes qui permettent aux élèves de dépenser leur énergie de façon positive. Les jeunes peuvent notamment jouer au hockey, au soccer et même au football, ou faire de la natation ou du patinage artistique. L'horaire des cours doit souvent être modifié pour faciliter l'accessibilité aux sites d'entraînement. Il faut donc non seulement manifester une grande <u>vitalité</u>, mais aussi faire preuve d'un bon sens de l'organisation.

Se creuser les méninges, c'est excitant...

Certaines écoles primaires ont aussi pensé à ceux et celles qui préfèrent faire travailler leurs neurones. Pour cela, quoi de mieux qu'une période quotidienne en science et technologie ? Production de matériel scientifique, hypothèses à vérifier, expositions à présenter aux élèves de l'école : voilà autant de tâches qui attendent nos professeurs en herbe. L'informatique et la robotique font maintenant partie des programmes scientifiques les plus populaires chez les jeunes. Avec la technologie qui simplifie la vie quotidienne, il devient utile, voire nécessaire de développer des compétences dans ces domaines.

accessibilité
neurones (neurone)
en herbe (herbe)

Lié au n° 4, p. 16

Tout pour exploiter son potentiel !

Il est important de croire en soi, de penser que l'on est <u>capable</u> de relever de beaux défis et de réaliser de grands projets. Peu importe l'école, la réussite dépend d'abord des efforts personnels. La plus grande source de motivation réside dans la fierté d'avoir exploité ses <u>capacités</u> au maximum. Sachez profiter de ce que les écoles vous offrent pour vous gâter un peu !

■ Sonia Lachance

Je comprends ce que je lis

1. Quels sont les quatre domaines dans lesquels on offre des programmes particuliers au primaire ?

2. Si tu vis présentement une expérience dans un programme particulier, qu'est-ce que cela a changé dans ta vie à l'école ? Si tu n'es pas dans une telle situation, qu'est-ce qui pourrait changer ?

3. Nomme deux activités liées à chacun des programmes ci-dessous offerts dans certaines écoles.

Programme sportif

Programme artistique

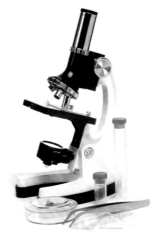
Programme scientifique

4. Pourquoi dit-on dans le texte que des compétences en informatique et en robotique seront utiles, voire nécessaires dans le futur ?

5. a) Si tu pouvais choisir un programme particulier pour la fin de ton primaire, lequel t'intéresserait le plus ? Pourquoi ?

   b) Quels talents pourrais-tu mettre en valeur avec ce programme ?

Lexique et orthographe

Les mots qui ont un lien de sens ⇨ ☆

Une famille morphologique est un ensemble de mots qui sont issus du même mot de base et qui ont un lien de sens. Par exemple, dans le texte 3, les mots soulignés ont un lien de sens et sont issus du même mot de base ; ils appartiennent donc à la même famille morphologique : *artiste, arts* et *artistiques* ; *vie* et *vitalité* ; *capable* et *capacités*. ⇨

D'autres mots ont un lien de sens mais n'appartiennent pas à la même famille morphologique parce qu'ils ne sont pas issus du même mot de base. Par exemple, les mots en rouge dans le texte : *programme* et *concentrations* ; *écoles* et *établissements* ; *théâtre* et *art dramatique*. ☆

?

Dans chacune des séries de mots ci-dessous, relève les deux mots qui ne font pas partie de la même famille morphologique. Au besoin, consulte le dictionnaire.

a) musée, musique, musicien, muscle, musical

b) pantin, patiner, patineuse, patinoire, pataugeoire, patin

En route vers la tâche finale ▶▶▶

Les qualités de mon école ✎

As-tu déjà pensé à ce qui rend ton école différente des autres ? Ce peut être par exemple un programme particulier, l'endroit où elle est située, les gens qu'on y rencontre. Construis une constellation semblable à celle ci-contre et inscris-y cinq qualités de ton école.

Mon école

La vie cachée de Patrice Fleury

Chapitre 2 – Un petit nouveau

Il s'écoule quelques minutes avant que l'enseignante réapparaisse. Mais à la surprise générale, elle revient en classe avec un garçon de taille moyenne. L'œil sévère, le visage carré, le cheveu rebelle, il s'assoit au dernier pupitre de la rangée du centre. Une fois installé, le garçon fixe un point droit devant, sans se donner la peine de croiser une seule paire d'yeux ou de chercher un regard sympathique. En fait, il ne souhaite qu'une chose : être ailleurs.

— Je vous présente Patrice Fleury. Il terminera l'année scolaire avec nous. Je vous demande de le considérer comme l'un des vôtres. En conséquence, je compte sur vous pour qu'il se sente bienvenu.

L'histoire

Pour Bruno, Éric et Marc, le nouveau de la classe, Patrice Fleury pose une énigme. Pourquoi est-il si taciturne ? Après une longue filature, ils constatent qu'il habite un grand hôtel de la ville.

Quel est son secret ?

La plupart des élèves se retournent vers le nouvel arrivé. Celui-ci ne bronche pas et conserve la pose qu'il a adoptée depuis le début.

— Évidemment, poursuit Mme Labarre, vous comprendrez qu'il soit intimidé. Après tout, il ne connaît encore personne ici.

Patrice déteste l'attention dont il fait l'objet. Il souhaiterait que Mme Labarre, [...] le laisse tranquille. Il apprécie encore moins le fait que ses nouveaux camarades le dévisagent avec autant d'insistance. Bref, il a envie de rugir.

— Enfin, termine Mme Labarre, j'espère que vous vous empresserez tous de lui expliquer notre mode de fonctionnement.

Bruno Quesnel, comme il le fait souvent, profite de la situation pour attirer l'attention sur lui.

— Je m'en occupe, madame Labarre. Fiez-vous à moi, Pat ne sera pas seul longtemps. C'est promis.

Bruno se retourne vers l'arrière à la recherche d'un sourire approbateur. La familiarité avec laquelle il surnomme Patrice fait sursauter toute la classe. Le principal intéressé, lui, reste en apparence impassible, mais durcit son regard.

Énigmes
et autres drôleries

1.
C'est au Canada qu'a été inventée la

m e r u e f t e r

l a é c i r.

2.
Quel est le futur de « je baille » ?

3.
Quel est le comble pour un enseignant de musique ?

4.
Je commence par un « e », je finis par un « e » et je contiens une lettre. Qui suis-je ?

— C'est très gentil à toi, Bruno. J'espère que tes camarades suivront ton exemple.

La matinée reprend enfin son cours normal, au grand soulagement de Patrice. [...]

Pour Patrice, sa présence dans cette classe relève presque de la plus haute trahison. Sa mère, avec qui il vit seul, avait promis en septembre qu'il ne changerait pas d'école. Il a fallu qu'elle brise sa promesse encore une fois.

Depuis le début de son primaire, Patrice n'a jamais pu commencer et finir une année scolaire dans la même école. Aujourd'hui, Patrice ne veut plus avoir à s'ajuster aux caprices [...] de sa mère. Chaque fois qu'il commence à se sentir intégré dans un milieu, elle lui fait le coup de lui annoncer leur déménagement.

Et chaque fois, Patrice doit se séparer d'amis auxquels il commençait à s'attacher. « C'est fini, se dit-il intérieurement. Pas question que je fasse le moindre effort pour lui faire plaisir. » [...]

Son désarroi n'échappe pas à l'enseignante. Elle s'installe délibérément à ses côtés, redoublant d'ardeur et de sourires pour qu'il se sente chez lui.

■ Vincent GRÉGOIRE, *La vie cachée de Patrice Fleury*, Laval, Éditions Grand Duc, 1998, p. 9-13 (Collection L'Heure Plaisir Tic-Tac).

Kamo, l'agence Babel

Kamo's mother

— Trois sur vingt en anglais !

La mère de Kamo jetait le carnet de notes sur la toile cirée.

— Tu es content de toi ?

Elle le jetait parfois si violemment que Kamo faisait un bond pour éviter le café renversé.

— Mais j'ai eu dix-huit[1] en histoire !

Elle épongeait le café d'un geste circulaire et une seconde tasse fumait aussitôt sous le nez de son fils.

— Tu pourrais bien avoir vingt-cinq sur vingt en histoire, ça ne me ferait pas avaler ton trois en anglais !

C'était leur sujet de dispute favori. Kamo savait se défendre.

— Est-ce que je te demande pourquoi tu t'es fait virer de chez Antibio-pool ?

Antibio-pool, respectable laboratoire pharmaceutique, était le dernier employeur de sa mère. Elle y avait tenu dix jours mais avait fini par expliquer à la clientèle que 95 % des médicaments qu'on y faisait étaient bidon et les 5 % restants vendus dix fois trop cher.

L'histoire

La maman de Kamo est fâchée parce qu'il a de mauvaises notes en anglais. Kamo, quant à lui, reproche à sa mère de ne pas savoir garder un travail. Elle le défie : elle doit garder un travail pendant trois mois et lui doit apprendre l'anglais en trois mois.

Tout un pari pour l'un comme pour l'autre !

Kamo, l'agence Babel est le premier tome d'une série de quatre romans.

---

1. **Dix-huit :** En France, les examens sont notés sur vingt. Donc, 18/20 est un très bon résultat.

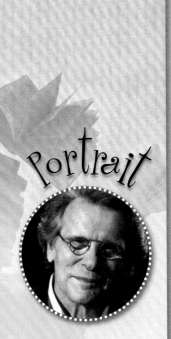
Daniel Pennac est un écrivain français. Ses années scolaires furent particulièrement désastreuses. Son père affirmait d'ailleurs que son fils maîtriserait parfaitement l'alphabet au bout de 25 ans !

Plus tard, Daniel Pennac a appris à aimer l'école grâce à deux professeurs qui l'ont soutenu. Il est devenu professeur, puis écrivain. Aujourd'hui, il est l'un des auteurs français les plus célèbres.

— Dire que tous les adolescents du monde parlent l'anglais ! Tous, sauf mon fils. Pourquoi justement mon fils, hein ?

— Dire que toutes les mères du monde conservent leur boulot plus de quinze jours ! Toutes, sauf ma mère. Pourquoi justement ma mère, hein ?

Mais c'était une femme qui aimait les défis. Le jour où Kamo lui fit cette réponse, elle éclata d'un rire joyeux (oui, ils savaient faire ça : se disputer et rire en même temps), puis le cloua sur place, index tendu.

— Ok, petit malin : je vais de ce pas chercher un nouvel emploi, je vais le trouver, je vais le garder et, dans trois mois, tu auras à ton tour trois mois pour apprendre l'anglais. Marché conclu ?

Kamo avait accepté sans hésiter.
Il m'expliqua qu'il ne courait aucun risque :

— Avec le caractère qu'elle a, elle ne pourrait même pas tenir comme gardienne de phare : elle s'engueulerait avec les mouettes !

Pourtant, un mois passa. Elle avait trouvé une place de rédactrice dans un organisme international. Kamo fronçait les sourcils.

— Un machin pour les échanges culturels, d'après ce que j'ai compris…

Elle rentrait parfois si tard que Kamo devait faire les courses et la cuisine.

— Elle rapporte même des dossiers à la maison, tu te rends compte ?

Je me rendais surtout compte que mon copain Kamo allait devoir se mettre sérieusement à l'anglais. Deux mois étaient passés et sa tête s'allongeait chaque jour davantage.

— Dis donc, tu ne sais pas ? Elle travaille aussi le dimanche !

Et le dernier soir du troisième mois, quand sa mère vint l'embrasser dans son lit, Kamo trembla en voyant son sourire d'ange victorieux.

— Bonsoir, mon chéri, tu as exactement trois mois pour apprendre l'anglais !

Nuit blanche.

Le lendemain matin, Kamo essaya tout de même de se défendre, mais sans grande conviction.

— Comment veux-tu que j'apprenne une langue en trois mois ?

Manteau, sac et chapeau, elle était déjà sur le point de partir.

— Ta mère a la solution !

Elle ouvrit son sac et lui tendit une feuille de papier où s'étirait une liste de noms propres à consonance britannique.

— Qu'est-ce que c'est que ça ?

— Les noms de quinze correspondants. Tu choisis celui ou celle que tu veux, tu lui écris en français, il ou elle te répond en anglais, et dans trois mois tu es bilingue !

— Mais je ne les connais pas, ces gens-là, je n'ai rien à leur dire !

Elle l'embrassa sur le front.

— Fais le portrait de ta mère, explique avec quel monstre tu vis, ça te donnera de l'inspiration.

Le sac se referma dans un déclic. Elle était déjà au bout du couloir, la main sur la poignée de la porte d'entrée.

— Maman !

Sans se retourner, elle lui fit un gentil signe d'au revoir.

— Trois mois, mon chéri, pas une minute de plus. Tu verras, tu y arriveras.

■ Daniel PENNAC, *Kamo, l'agence Babel,* Paris, Gallimard, 2007, p. 7-11 (Collection Folio Junior).

I. Avant de lire le texte « Moi Lukasi, enfant du Nunavik », savais-tu qu'il y avait des enfants inuits au Québec ? Connais-tu mieux leur monde maintenant ? Qu'as-tu appris dans ce texte ?

2. Avant de lire le texte « Des écoles pour tous les goûts ! », croyais-tu que toutes les écoles étaient comme la tienne ? Quelles différences as-tu remarquées ?

3. Les écoles du Québec accueillent des garçons et des filles, des enfants passionnés par les jeux vidéo, des sportifs et des sportives, des artistes, des enfants nés au Québec ou ailleurs dans le monde. Crois-tu que le fait de réunir des enfants aussi différents dans une même école est une richesse ou une source de difficultés ? Explique ta réponse à l'aide d'exemples.

Des idées de lecture

Raymond PLANTE
**Le grand rôle
de Marilou Polaire**
Montréal, La courte échelle,
1997, 60 pages
(Collection Premier roman).

Un texte drôle sur la préparation
d'une pièce de théâtre et qui provoque
bien des aventures avant que tout finisse
pour le mieux.

**Marie-Andrée
BOUCHER-MATIVAT**
Une sortie d'enfer !
Saint-Laurent,
Pierre Tisseyre, 2005,
54 pages. (Collection Sésame).

Un livre avec beaucoup d'action et des
illustrations inspirées de la bande dessinée.

Agnès DESARTHE
**Comment j'ai
changé ma vie**
Paris, L'école des loisirs,
2004, 94 pages.

Un livre qui montre
comment une passion
peut changer la vie d'un enfant.

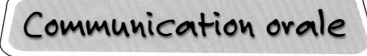

Communication orale

≋ Tâche finale

Activité classe ouverte

Les textes que tu as lus t'ont permis d'en apprendre un peu plus sur des écoles très différentes. Nous te proposons maintenant d'organiser une activité classe ouverte pour montrer les aspects intéressants de la vie à ton école en 4ᵉ année.

❶ Les présentations

En t'inspirant du texte « Moi Lukasi, enfant du Nunavik », crée une affiche présentant un ou une camarade de classe que tu aimerais faire mieux connaître aux autres élèves.

Tu pourrais donner quelques renseignements sur ton ou ta camarade de classe et les membres de sa famille. Tu pourrais aussi indiquer la langue parlée à la maison et énumérer ses loisirs préférés.

Ajoute des photographies ou des dessins.

❷ La publicité

Crée un dépliant pour faire la promotion de l'activité classe ouverte à ton école, en montrant ce qu'elle a de spécial. Tu présenteras ensuite ton dépliant aux futurs élèves afin qu'ils et elles sachent ce qui les attend.

Pour cela, utilise la constellation que tu as créée sur les qualités de ton école.

❸ Le jeu-questionnaire

Organise un jeu-questionnaire pour les élèves qui seront en 1re année l'an prochain.

Tu interrogeras les enfants pour savoir ce qu'ils et elles veulent connaître de la vie à l'école.

Tu écriras les questions au recto du carton qu'on te remettra et les réponses au verso.

À toi de jouer !

L'école dans le monde

Je me prépare

1. Dans ce thème, tu vas connaître des enfants d'Afrique du Sud, du Japon et d'Australie. Crois-tu que les écoles de ces enfants ressemblent à la tienne ? À ton avis, quelles pourraient être les différences ?

2. Y a-t-il des élèves de diverses nationalités dans ta classe ?

3. Ces élèves t'ont-ils déjà parlé de l'école de leur pays d'origine ? Qu'as-tu appris à ce propos ?

4. Sur une grande carte du monde, situez ensemble les pays d'origine des élèves de la classe et discutez des différences et des ressemblances entre les écoles et entre les pays.

Pour la **tâche finale** de ce thème, tu créeras les rubriques d'un blogue pour présenter ta classe sur Internet et faire ainsi découvrir les élèves québécois au reste du monde.

Intention de lecture : *Lis le blogue suivant afin de comparer la vie scolaire de Sibusiso et la tienne.*

Blogue d'Afrique

Ta stratégie de lecture

Prête attention
aux intertitres
et aux différentes
sections du texte.

fraiseraie

Bonjour, bienvenue sur mon blogue !

Je m'appelle Sibusiso et j'ai 11 ans. Je vis en Afrique du Sud, près d'un village nommé Richmond. J'habite dans la fraiseraie où travaille mon père. Le propriétaire est très gentil et me permet parfois d'aller regarder la télévision dans sa belle grande maison.

Le chemin de l'école

Je dois marcher huit kilomètres pour me rendre à l'école. Chaque matin, je fais la moitié de la route tout seul et à mi-chemin, je rencontre des camarades de classe. Par mesure de sécurité, nous marchons à la file indienne sur la route et le premier de la file porte un drapeau.

L'école en Afrique du Sud

Dans mon pays, l'école est obligatoire et gratuite pour tous les enfants de 7 à 15 ans. Depuis la fin de l'apartheid, en 1994, les écoles accueillent les enfants de toutes les races. C'est une chance pour moi. Mes parents, eux, ne sont pas allés à l'école.

Une salle de classe de mon école.
Il y a aussi une salle avec des ordinateurs.
C'est de là que j'écris mon blogue.

Mes journées à l'école

Dans ma classe, il y a 23 élèves qui sont à peu près tous du même âge. Ma matière scolaire favorite, c'est l'anglais. Notre salle de classe donne sur la cour de récréation où il y a parfois de grandes réunions sur la pelouse. Nous avons aussi un jardin où nous faisons pousser des plantes. Le jardin est entouré d'une clôture de barbelés pour éviter le vol. Je dîne à l'école. On nous sert de délicieux repas souvent à base de riz et de viande. La cuisinière fait le service et nous nous installons sur un banc près de notre classe. À la fin du repas, chacun lave et essuie son assiette.

Mon rêve

Quand je serai grand, je veux devenir pilote d'avion. Mon père dit que je dois étudier très fort pour réaliser mon rêve.

Posté par Sibusiso à 9 h 10 – Commentaires [3] -

■ Adapté de Penny SMITH et Caroline BINGHAM, *Ma super école !*, Paris, Gallimard Jeunesse, UNICEF, 2007 (Collection Des enfants comme moi).

↖ Voici l'avion que je veux piloter plus tard.

PORTRAIT D'AFRIQUE DU SUD

La population est d'environ 50 millions d'habitants dont 80 % sont des Noirs. Les 20 % restants sont des Blancs, des Métis et des Asiatiques.

Mon pays est riche en mines d'or, de diamant et de charbon. C'est aussi un des pays les plus développés d'Afrique.

Lire la suite

NOTRE DRAPEAU

Depuis 1994, l'Afrique du Sud a un nouveau drapeau. Chaque couleur représente quelque chose de spécial. Viens le découvrir !

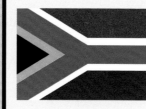

Lire la suite

L'APARTHEID

Apartheid veut dire « vivre à part ». Avant, en Afrique du Sud, les Noirs étaient mis à l'écart et avaient peu de droits. Grâce à des gens comme Nelson Mandela, nous sommes maintenant libres dans notre pays.

Lire la suite

barbelés (barbelé)

Je comprends ce que je lis

I. Dresse un tableau semblable à celui ci-dessous afin de comparer la vie de Sibusiso et la tienne.

ASPECTS	SIBUSISO	MOI
Le chemin de l'école		
Nombre d'élèves par classe		
Caractéristiques de la classe		
Autres renseignements		

2. À ton avis, pourquoi Sibusiso est-il heureux de fréquenter l'école ? Explique ta réponse.

3. Explique en deux ou trois phrases comment se passe le dîner de Sibusiso à l'école.

4. a) Selon toi, est-ce que Sibusiso habite dans une grande maison ?

b) Quels indices dans le texte t'ont permis de répondre à la question précédente ?

5. Si tu devais fréquenter l'école de Sibusiso pendant un mois, qu'est-ce qui te plairait le plus ? Qu'est-ce qui te plairait le moins ?

Organisation et cohérence du texte

Le découpage d'un texte ☆

Les auteurs utilisent différents moyens pour organiser leurs textes de manière à les rendre plus faciles à lire. Voici les éléments de découpage d'un texte :

Titre et intertitres : On donne au texte et à chaque section du texte un court titre pour avoir un aperçu du sujet abordé. ☆

Paragraphes : Chaque paragraphe contient généralement une idée principale qu'on développe en ajoutant des précisions. L'idée principale d'un paragraphe ne peut pas être supprimée.

Disposition du texte : Pour permettre au lecteur ou à la lectrice de bien comprendre le sujet, on peut ajouter des graphiques ou des illustrations dans le texte.

Légende : Une légende est une courte explication qui accompagne une image, une carte ou un graphique.

Regarde le blogue de Sibusiso.

a) Repère le titre, les intertitres, les paragraphes et les légendes.

b) Résume en une phrase le paragraphe de la section « L'école en Afrique du Sud ». Tu dois donc trouver l'idée principale de ce paragraphe.

En route vers la tâche finale ▶ ▷ ▷

Connais-tu les blogues ? ✏

Si tu créais un blogue, comment te présenterais-tu ?

À l'aide du matériel fourni dans ton carnet de bord, tu vas écrire les trois premières lignes de présentation de ton blogue personnel.

Intention de lecture : *Lis le texte suivant afin de comprendre la vie d'une jeune pensionnaire japonaise.*

Ta stratégie de lecture

Prête attention à l'organisation du texte pour t'aider à le comprendre.

Lié au n° 2, p. 36 ☞

📖

fiers (fier)
tradition

Asumi, pensionnaire au Japon 📖 📖

Mon nom est Asumi, ce qui signifie « belle lumière du jour » en japonais, et je suis âgée de neuf ans. Je fréquente l'École internationale du Sacré-Cœur, à Tokyo. Plus tard, j'étudierai dans une université aux États-Unis.

Au Japon, tous les enfants de 6 à 15 ans fréquentent l'école primaire ainsi que le collège, qui sont tous deux gratuits. Dans mon pays, il est important que nos parents soient fiers de nous.

L'école commence en avril et se termine en mars. L'année est divisée en trois étapes. Entre chaque étape, nous avons de deux à quatre semaines de vacances.

À 8 h 30, c'est le début des cours. En entrant dans l'école, nous retirons nos chaussures pour enfiler des pantoufles. C'est une tradition japonaise. Si un jour, vous êtes invités dans une maison au Japon, vous devrez retirer vos chaussures avant d'entrer !

Nos cours durent 45 minutes et nous étudions le japonais, les mathématiques, la calligraphie, les arts plastiques, la musique, l'anglais, l'histoire, la géographie, les sciences et l'éducation physique.

À 14 h, lorsque l'école se termine, je retourne rapidement à l'internat pour aller faire mes devoirs. Mes parents habitent trop loin de l'école : je passe donc toute la semaine loin d'eux, à l'internat, avec d'autres filles de mon école.

Jusqu'à 18 h 30, je peux jouer avec mes amies et dessiner. Puis, je soupe. Une fois par semaine, avant de me coucher, je téléphone à mes parents pour leur raconter ma journée.

À 20 h, nous devons être dans nos lits… La surveillante fait le tour des chambres pour s'en assurer ! Nous pouvons lire jusqu'à 20 h 30, en silence. Avant de m'endormir, j'ai toujours une pensée pour ma grande sœur qui étudie à Boston. J'ai hâte de la retrouver !

■ Karine Sirois

internat

Le savais-tu ?

La calligraphie japonaise est un art traditionnel qui consiste à écrire des idéogrammes[1] au pinceau et à l'encre. Cet art très ancien se pratique depuis plus de 3000 ans.

À l'exemple du chinois, le japonais s'écrit verticalement de droite à gauche.

Créée en Chine, la calligraphie est devenue l'un des arts les plus importants de la culture asiatique.

Au Japon, apprendre la calligraphie est un signe de bonne éducation et de grande culture.

Les nombres de 1 à 10 en calligraphie japonaise et le mot « papillon ».

1. **Idéogramme :** un idéogramme est un symbole graphique représentant un mot ou une idée.

Je comprends ce que je lis

I. Trouve deux différences entre la vie d'Asumi et la tienne.

2. Dans le texte, il est écrit : « [...] il est important que nos parents soient fiers de nous. » Partages-tu cette opinion ? Justifie ta réponse.

3. Détermine si les phrases suivantes sont vraies ou fausses et justifie tes réponses en citant chaque fois une phrase du texte.

a) Les élèves commencent l'école en janvier.

b) Asumi retourne dans sa famille toutes les fins de semaine.

4. a) À l'aide des indices de temps contenus dans le texte, remplis un tableau semblable à celui ci-dessous.

ACTIVITÉS	HEURE
Premier cours de la journée	
Deuxième cours de la journée	
Fin des classes	
Souper	
Coucher	

b) Estime l'heure approximative à laquelle les événements suivants arrivent.

I) Asumi joue avec ses amies ou se consacre à ses loisirs.

2) Asumi téléphone à ses parents.

5. Imagine que tu es pensionnaire comme Asumi.

a) Qu'est-ce que tu aimerais dans cette nouvelle vie ?

b) Qu'est-ce qui te paraîtrait difficile ?

Organisation et cohérence du texte

L'organisation d'un texte ☆

Les textes, que ce soit par exemple un article de journal, une histoire ou un témoignage, sont **organisés selon un certain ordre.** Voici les différentes manières d'organiser un texte.

Ordre chronologique	Les événements sont présentés selon l'ordre dans lequel ils se sont produits. C'est le cas dans un récit.
Ordre séquentiel	Les étapes sont présentées dans l'ordre où elles doivent se dérouler. C'est le cas pour des recettes ou des marches à suivre.
Ordre logique	Les événements sont présentés dans un ordre permettant de bien comprendre le sujet. Par exemple, on présente un problème et ses solutions, une cause et ses conséquences.

1. Selon quel ordre le texte « Asumi, pensionnaire au Japon » est-il organisé ?
   Explique ta réponse.

2. Précise l'ordre selon lequel les situations suivantes sont présentées.

   a) La nuit dernière, un incendie a éclaté vers 3 h. C'est un locataire qui a alerté les pompiers. Heureusement, il n'y a eu aucune victime. Cet incendie laisse une dizaine de personnes à la rue.

   b) Pour fabriquer un bonhomme de neige, roulez trois boules de grosseur différente : une petite, une moyenne et une grosse. Superposez les trois boules en plaçant la plus grosse en dessous. Décorez le bonhomme.

   c) Les élèves ont d'abord écouté la légende des mille grues. Ensuite, ils ont appris à fabriquer des grues en papier. Finalement, ils les ont envoyées au Japon par bateau comme message de paix au peuple japonais.

 **En route vers la tâche finale** ▶▶▷

Lettre à Asumi

Rédige une courte lettre à Asumi pour lui expliquer comment se passent tes journées à l'école. Choisis cinq activités importantes dans une journée habituelle. Présente ces activités dans l'ordre où elles se produisent.

Intention de lecture : *Lis le texte suivant afin de découvrir une façon étonnante de faire l'école.*

Maisie, aborigène d'Australie

Bonjour Jean !

Je m'appelle Maisie, j'ai 10 ans. Je vis dans une réserve aborigène qui est située au milieu du bush[1] du Territoire du Nord, en Australie.

L'école est dans notre réserve. Certains d'entre nous vont ensuite à l'école secondaire mais pour cela il faut bien parler anglais et partir à Darwin, à plusieurs centaines de kilomètres, loin de sa famille. C'est difficile ! Je ne pense pas que je le ferai.

Comme les autres enfants australiens, nous allons à l'école primaire de l'âge de 5 ans jusqu'à 12 ou 13 ans.

Mon pays est un peu moins grand que le Canada, mais ici la population est très dispersée. Parfois, ta maison est la seule maison pendant 200 km ! Dans ce cas-là, les enfants ne peuvent pas aller à l'école du village, car il n'y a ni école, ni village ! Alors, ils fréquentent ce qu'on appelle « l'école des ondes ». Cette école est très spéciale. Tu trouveras avec ma lettre une petite fiche que j'ai préparée sur cette école.

Moi, je suis bien heureuse qu'il y ait une école primaire dans ma réserve. C'est bien de retrouver les copains en classe !

Au Canada, c'est comment l'école ? Avez-vous, vous aussi, des écoles spéciales ?

J'espère recevoir de tes nouvelles bientôt !

Maisie

_____
1. **bush :** désert australien.

aborigène
dispersée (disperser)

L'école des ondes

L'école des ondes est une création australienne. Il y en a maintenant 14 dans tout le pays. Les élèves de l'école des ondes suivent leurs cours en écoutant leur professeur à la radio. Ils participent à deux leçons de 30 minutes par jour avec une dizaine d'autres élèves qui peuvent se trouver à des centaines de kilomètres.

Ils communiquent les uns avec les autres grâce à un micro.

Ensuite, ils doivent consacrer de cinq à six heures par jour à leurs travaux.

Chaque trimestre, les élèves reçoivent des cahiers à remplir. Ils disposent aussi de matériel audio et vidéo pour les accompagner.

Quand ils ont besoin d'aide, ils font appel à un tuteur, qui est souvent leur mère, ou contactent par radio un des enseignants qui se trouvent dans un studio de l'école.

Trois fois par année, des activités sont organisées afin de permettre aux élèves d'une région de se rassembler. Au début de l'année scolaire, on organise un camp. Plus tard dans l'année, il y aura une grande journée sportive et finalement tout le monde se réunira pour un barbecue sous le soleil de Noël. En Australie, les saisons sont inversées. L'été commence en décembre et les grandes vacances aussi !

tuteur

Je comprends ce que je lis

1. Comment s'appelle l'école spéciale dont il est question dans le texte ? Explique pourquoi cette école a été créée.

2. Aimerais-tu fréquenter une telle école ? Justifie ta réponse.

3. Pourquoi est-il impossible pour certains enfants australiens de fréquenter l'école du village ?

4. Pourquoi les enfants aborigènes doivent-ils quitter leur famille pour poursuivre leurs études ? Cette situation plairait-elle à Maisie ? Justifie ta réponse.

5. a) À ton avis, y a-t-il des désavantages à étudier à distance, comme le font certains enfants australiens ? Explique ta réponse et donne un exemple.

   b) Crois-tu que les enfants apprennent mieux lorsqu'ils doivent fréquenter une école ? Explique ta réponse et donne un exemple.

Lexique et orthographe

Les lettres muettes ☆

Une lettre muette est une lettre qu'on ne prononce pas dans un mot. Les lettres muettes ne se prononcent pas, mais elles ont tout de même un rôle à jouer. Voici un petit rappel de l'utilité des lettres muettes.

INDIQUER LE GENRE FÉMININ	Fière, chère, noire	Des activités organisées.
	La matière étudiée, la plume cassée	Des mamans fières.
INDIQUER LE PLURIEL	Les élèves, mes études, les professeurs	
INDIQUER LA PERSONNE ☆	Les élèves suivent leurs cours.	
	Tu aimes l'école.	
	Elles n'aiment pas les mathématiques.	

?

a) Dans le texte « L'école des ondes », trouve des mots qui contiennent des lettres muettes.

b) Classe-les dans un diagramme semblable à celui ci-contre.

c) Encercle les lettres muettes dans les mots que tu as trouvés.

Indiquer le féminin

Indiquer la personne

Indiquer le pluriel

En route vers la tâche finale ▶▶▶

À la découverte de l'Australie 🎤

Dans ce texte, tu as découvert un pays lointain, très différent du Québec. Partons à la découverte de ce pays ! Parmi les thèmes ci-dessous, choisis celui que tu aimerais exploiter. Effectue une courte recherche et fais une présentation de trois minutes devant tes camarades de classe.

- **Le portrait du pays**
- **Le climat et la végétation**
- **Les sports**
- **Les lieux touristiques**

Chouchou plein de poux

À ma droite est assise Tess Dubois, DéTESStable pour les intimes. Experte du commérage, elle est toujours en tête des conflits. À ma gauche, c'est Séréna. Tellement timide, cette Séréna, qu'il faut deux paires d'appareils auditifs pour pouvoir l'entendre dire un oui ou un non de 20 décibels.

Devant moi, c'est la très chère Pénélope. Chaque année, c'est le même jeu, se faire chouchouter par l'enseignante en lui démontrant son supposé intérêt pour l'école.

Elle répète : mon plus grand rêve est de devenir enseignante... Mes passe-temps favoris sont la lecture d'encyclopédies, le jeu d'échecs et le traitement de texte sur ordinateur...

L'histoire

Alexandrine et Claudia-Marie sont deux amies qui se retrouvent pour la première fois dans la même classe. Mais cette vie dans la même classe ne sera pas aussi facile et joyeuse qu'elles l'espéraient. Leur amitié résistera-t-elle ?

Et ce cher Tommy, assis derrière moi. Son seul sujet de conversation, la motoneige. L'année dernière, il a passé son temps à dessiner des motoneiges vues sous tous les angles. On le surnomme Bombarde, à cause de Joseph-Armand Bombardier, inventeur de la motoneige.

— Estelle, est-ce que tu possèdes une motoneige ?

Ç'a été sa première question avant même qu'elle se soit présentée. Il s'est empressé de lui montrer un dépliant illustrant les motoneiges les plus performantes, selon lui. Estelle l'a interrompu en lui promettant qu'ils en reparleraient à un autre moment.

Lorsqu'elle constatera que tout ce qu'il fait et dit rime avec motoneige, elle en aura ras le bol de ces mécaniques.

Portrait

Dès l'âge de 9 ans, Maryse Robillard affirmait à ses parents : « Plus tard, je serai une maîtresse d'école et j'écrirai des livres pour les enfants. » Mission accomplie : aujourd'hui, elle enseigne au primaire et publie des romans jeunesse.

Claudia-Marie est assise dans la première rangée. Lorsque je la regarde, je ne peux que l'envier. Devant elle, ce cher séducteur, la coqueluche de toutes les filles de l'école. Même les grandes de 6e année sont ses admiratrices. Ah le beau Pierrick Loranger-Saucier !…

Un mec au physique *plus-que-parfait,* avec des yeux d'un vert émeraude époustouflant qui, dans le *passé,* ne se faisait point remarquer à cause de sa timidité. À *présent,* avec son sourire sublime, il est le point de mire de toutes les filles ! Une popularité *conditionnelle* à sa beauté. Qui sait, dans le *futur,* fera-t-il les premières pages des magazines de mode ou des pub de dentifrice ?

Bon, assez de conjugaison ! Cette beauté me rend dingue ! Assise derrière cette créature parfaite, moi, je risquerais de m'envoler sur un petit nuage.

■ Maryse ROBILLARD, *Chouchou plein de poux,* Saint-Alphonse de Granby, Éditions de la Paix, 2000, p. 24-26.

Énigmes et autres drôleries

1.
Comment appelle-t-on le responsable de l'informatique dans une école ?

2.
Pourquoi les éléphants n'ont-ils pas d'ordinateur ?

3.
Remets dans l'ordre les lettres de cette capitale d'un pays africain.

a r o e p r t i

4.
« J'espère qu'il ne pleuvra pas aujourd'hui », dit une maman kangourou à une autre. Je déteste que les enfants soient obligés de jouer à l'intérieur.

Il faut sauver Saïd 📖 📖 📖

Au collège, je travaille de moins en moins, sauf avec M. Théophile. J'aimerais bien l'avoir comme prof dans toutes les matières. Il est sévère et il est très drôle parfois, quand on ne s'y attend pas du tout.

Il ne respecte pas le programme. Il dit en feuilletant le livre d'histoire-géo : « Quelle stupidité ! »

Il a toujours des cartes muettes autour de lui et le jeu est d'être capable de dire où sont tous les pays.

[...]

Il a divisé la classe comme dans une équipe de foot[1]. Il y a la rangée A, la rangée B, la rangée C et la rangée D. À chaque fois qu'il nous rend un contrôle, en fonction de nos notes, on change de rangée. Déjà, il n'y a plus que trois élèves dans la rangée D. Toute la classe veut aller dans la rangée A. Moi, je ne l'ai jamais quittée et Antoine non plus.

[...]

----
1. C'est ainsi qu'on appelle le soccer en France.

L'histoire

Au primaire, tout allait bien, Saïd faisait partie des meilleurs élèves de sa classe. Mais au secondaire, tout change et Saïd se sent comme un étranger dans son école.

Antoine, c'est pas pareil. Ses parents lui donnent des cours particuliers en maths et en français. Il n'habite pas comme moi la cité[1], mais de l'autre côté de l'autoroute, une toute petite maison assez moche, mais une maison quand même. Moi, je pourrais très bien réussir, si je le voulais, dit Mme Beaulieu. Elle ne comprend pas que je le veux, de toutes mes forces, mais que des forces, j'en ai de moins en moins.

J'ai d'autres problèmes, et ça, Mme Beaulieu et M. Théophile ne le savent pas. Ils n'imaginent pas ma vie en dehors des murs en carton de leur classe.

■ Brigitte SMADJA, *Il faut sauver Saïd*, Paris, L'école des loisirs, 2003, p. 33-35 (Collection Neuf).

Portrait

Brigitte Smadja est une auteure de littérature jeunesse française. Elle écrit des livres qui parlent de la vie et des sentiments des enfants, des adolescents et des adolescentes.

1. En France, une cité est un ensemble de logements à loyer modique généralement situés en banlieue.

Au-delà des textes

1. Quel texte as-tu préféré ? Pour quelles raisons ?

2. En lisant ces textes, tu as pu constater qu'il existe des différences entre les façons d'enseigner dans les écoles de différents pays. Toutefois, il existe aussi des points communs. Quels sont les points communs à toutes ces écoles ?

3. As-tu déjà lu des livres ou regardé des films qui t'ont permis d'en apprendre davantage sur les écoles dans le monde ? Partage tes connaissances avec tes camarades de classe.

4. Dans les textes que tu as lus, qu'aurais-tu aimé apprendre de plus sur les écoles dans le monde ?

Des idées de lecture

Eleanor COERR
Les mille oiseaux de Sadako
Paris, Milan, 2007, 80 pages.

Un livre plutôt sérieux qui raconte l'histoire de Sadako, une petite japonaise victime de la guerre.

Josée PLOURDE
Un colis pour l'Australie
Montréal, La courte échelle, 1999, 63 pages.

Une histoire pleine d'aventures et de rebondissements commence quand une grand-mère envoie une carte postale d'Australie.

Marie BEAUCHAMP
Le combat des caboches
Saint-Laurent, Pierre Tisseyre, 2010, 96 pages.

Une histoire rigolote, imaginative et pleine de rebondissements.

Écriture

✍ Tâche finale

Blogue pour ma classe

Afin de permettre aux enfants du monde d'en connaître davantage sur l'école au Québec et sur les gens du Québec, nous te proposons de créer les rubriques d'un blogue avec tes camarades de classe. Tu trouveras tous les outils nécessaires dans ton carnet de bord. En vous répartissant la tâche, le blogue prendra forme en un clic de souris !

❶ Portrait de l'école au Québec

Rédige ton texte de présentation en t'inspirant du blogue de Sibusiso.

a) Utilise la présentation que tu as rédigée dans « En route vers la tâche finale », à la page 33.

b) Explique comment se passe une journée d'école au Québec.

c) Donne quelques informations sur ton école.

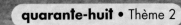

2 Portrait de notre classe

Rédige un texte pour présenter ta classe aux enfants du monde et leur permettre de comprendre comment se passe une journée dans une école québécoise.

a) Utilise les informations que tu as rédigées sur le déroulement de tes journées à l'école, à la page 37.

b) Donne quelques informations sur les activités spéciales dans ta classe.

3 Ma province

Parle de ta vie au Québec. Choisis deux thèmes parmi ceux proposés ci-dessous.

- Le portrait de la province

- Le climat et la végétation

- Les loisirs des enfants québécois

- Un attrait de ta région

Grammaire

Le nom ☆ ▣➡

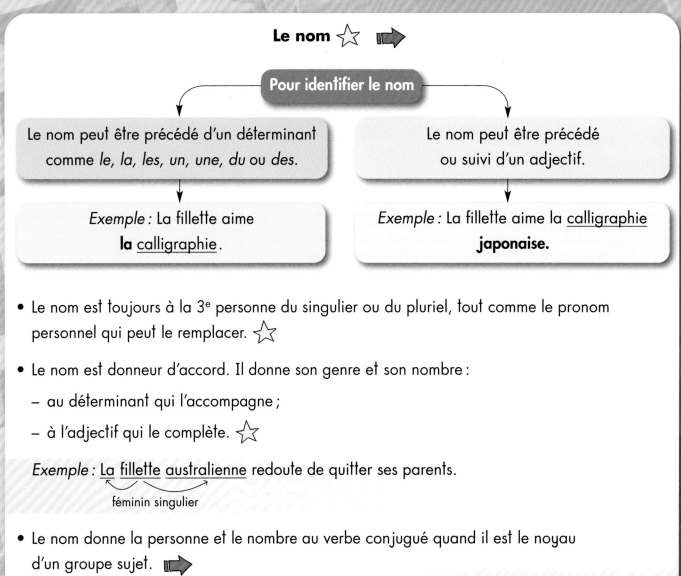

Pour identifier le nom

Le nom peut être précédé d'un déterminant comme *le, la, les, un, une, du* ou *des*.

Le nom peut être précédé ou suivi d'un adjectif.

Exemple : La fillette aime **la** calligraphie.

Exemple : La fillette aime la calligraphie **japonaise.**

- Le nom est toujours à la 3e personne du singulier ou du pluriel, tout comme le pronom personnel qui peut le remplacer. ☆

- Le nom est donneur d'accord. Il donne son genre et son nombre :
  - au déterminant qui l'accompagne ;
  - à l'adjectif qui le complète. ☆

  Exemple : La fillette australienne redoute de quitter ses parents.

  féminin singulier

- Le nom donne la personne et le nombre au verbe conjugué quand il est le noyau d'un groupe sujet. ▣➡

  Exemple : Le petit Africain courageux faisait le trajet à pied tous les jours.

  3e pers. sing.

Le groupe du nom ☆

> Le **groupe du nom (GN)** est un groupe de mots qui contient au moins un nom.

> Le **nom** est le noyau du groupe du nom.
>
> *Exemple :* Je n'aime pas <u>les **devoirs.**</u>

> Le noyau ne peut pas être effacé.
>
> *Exemple :* ⊘ Je n'aime pas <u>les ~~devoirs.~~</u>

Le groupe du nom peut être formé :

- d'un déterminant et d'un nom ;

  Exemple : **La directrice** vient d'arriver.

- d'un nom propre ; ☆

  Exemple : **Sibusiso** aimerait visiter ton école.

- d'un déterminant, d'un nom et d'un adjectif placé avant ou après le nom ; ☆

  Exemple : **La nouvelle directrice** aimerait visiter **une école japonaise.**

- d'un déterminant, d'un nom et d'un groupe du nom précédé de la préposition *à* ou *de/d'*.

  Exemple : **L'école des ondes** donne deux leçons chaque jour.

Conjugaison

Le verbe conjugué se divise en deux parties :

– la partie qui se trouve au début se nomme le radical ; généralement, le radical change peu ou pas dans la conjugaison.

– la partie qui est à la fin se nomme la terminaison. Les terminaisons indiquent le temps, la personne et le nombre, et changent dans la conjugaison.

Le verbe *aimer* au présent ☆

Les verbes qui se terminent en **-er** à l'infinitif sont très nombreux. Leur conjugaison est régulière.

Dans le tableau ci-dessous, on distingue le radical de la terminaison.

J'aim**e**	Nous aim**ons**
Tu aim**es**	Vous aim**ez**
Il aim**e**/Elle aim**e**, On aim**e**	Ils aim**ent**/Elles aim**ent**

Le verbe *avoir* au présent ☆

J'ai	Nous avons
Tu as	Vous avez
Il a/Elle a, On a	Ils ont/Elles ont

Le verbe *être* au présent ☆

Je suis	Nous sommes
Tu es	Vous êtes
Il est/Elle est, On est	Ils sont/Elles sont

As-tu remarqué ?

Il existe un seul verbe se terminant en *-er* qui n'a pas les mêmes terminaisons que le verbe modèle *aimer*. C'est le verbe *aller* que tu devras savoir conjuguer à la fin de cette année.